Aperite portas Redemptori

O JUBILEU DA REDENÇÃO

PROCLAMADO POR SUA SANTIDADE O PAPA JOÃO PAULO II

6ª edição - 2006

Nenhuma parte desta obra poderá ser reproduzida ou transmitida por qualquer forma e/ou quaisquer meios (eletrônico ou mecânico, incluindo fotocópia e gravação) ou arquivada em qualquer sistema ou banco de dados sem permissão escrita da Editora. Direitos reservados.

Paulinas

Rua Pedro de Toledo, 164
04039-000 – São Paulo – SP (Brasil)
Tel.: (11) 2125-3549 – Fax: (11) 2125-3548
http://www.paulinas.org.br – editora@paulinas.org.br
Telemarketing e SAC: 0800-7010081

© Pia Sociedade Filhas de São Paulo – São Paulo, 1984

BULA DE PROCLAMAÇÃO
DO JUBILEU
PELO 1950º ANIVERSÁRIO
DA REDENÇÃO

JOÃO PAULO BISPO,
SERVO DOS SERVOS DE DEUS,
A TODOS OS FIÉIS DO MUNDO CATÓLICO,
QUE VIREM ESTA MINHA CARTA
SAÚDE E BÊNÇÃO APOSTÓLICA

1. "Abri as portas ao Redentor!"

É este o apelo que, na perspectiva do Ano Jubilar da Redenção, dirijo a toda a Igreja, renovando o convite expresso no dia seguinte à minha eleição para a cátedra de Pedro. Desde esse momento os meus sentimentos e pensamentos têm sido cada vez mais dirigidos para Cristo Redentor e para o seu Mistério Pascal, vértice da Revelação divina e atuação suprema da misericórdia de Deus para com os homens de todos os tempos[1].

Com efeito, o ministério universal, próprio do Bispo de Roma, encontra a sua origem no acontecimento da Redenção operada por Cristo, com a sua morte e ressurreição; e pelo próprio Redentor foi posto ao serviço desse mesmo acontecimento[2], que ocupa o lugar central em toda a história da Salvação[3].

---

[1] Cf. Homilia no início solene do Pontificado: *AAS* 70 (1978), p. 949. Enc. *Redemptor Hominis*, 2: *AAS* 71 (1979), p. 259; Enc. *Dives in Misericórdia, 7: AAS* 72 (1980), pp. 1199-1203.

[2] Cf. Mt 16-17; 28, 18-20.

[3] Cf. Gl 4,4-6.

2. Cada ano litúrgico, na verdade, é a celebração dos mistérios da nossa Redenção; no entanto, a ocorrência da data jubilar da morte salvífica de Cristo sugere que tal celebração seja participada de maneira mais intensa. Já em 1933 o Papa Pio XI, de venerável memória, houve por bem evocar, com um afortunado intuito, o XIX Centenário da Redenção, com um Ano Santo extraordinário, prescindindo, de resto, de entrar na questão da data precisa em que terá sido crucificado o Senhor[4].

Uma vez que neste ano de 1983 ocorre o 1950º aniversário desse acontecimento excelso, foi amadurecendo em mim a decisão, que já tive ocasião de manifestar, aliás, ao Colégio dos Cardeais, a 26 de novembro de 1982, de dedicar um ano inteiro à especial comemoração da Redenção, a fim de que esta penetre mais profundamente no pensamento e na atividade de toda a Igreja.

Este Jubileu terá início a 25 de março próximo, solenidade da Anunciação do Senhor, que recorda aquele momento providencial em que o Verbo eterno, fazendo-se homem por obra do Espírito Santo no seio da Virgem Maria, se tornou participante da nossa carne, "a fim de reduzir à impotência, mediante a morte, aquele que detinha o império da morte, isto é, o demônio, e libertar todos aqueles que, pelo temor da morte, eram mantidos na escravidão por toda a sua vida"[5]. O mesmo concluir-se-á a 22 de abril de 1984, Domingo de Páscoa, dia da plenitude de alegria alcançada pelo sacrifício redentor de Cristo, em virtude do qual a Igreja, de maneira

---

[4] Bula *Quid Nuper: AAS* 25 (1933), p. 6.

[5] Cf. Hb 2,14s

perene, "mirabiliter renascitur e nutritur" (maravilhosamente se renova e se alimenta)[6].

Que este período seja, pois, um *Ano verdadeiramente Santo;* que seja um *tempo de graça* e de *salvação,* porque santificado mais intensamente pela aceitação das graças da Redenção por parte da humanidade do nosso tempo, mediante a renovação espiritual de todo o Povo de Deus, que tem Cristo como Cabeça, "o qual foi entregue à morte por causa dos nossos pecados e ressuscitado para a nossa justificação"[7].

3. Toda a vida da Igreja está imersa na Redenção e respira a Redenção. Para nos remir, Cristo veio do seio do Pai a este mundo; para nos remir, ofereceu-se a si mesmo na Cruz, num ato de amor supremo pela humanidade, deixando à sua Igreja o seu Corpo e o seu Sangue "em sua memória"[8] e fazendo dela ministra da reconciliação, com o poder de perdoar os pecados[9].

A Redenção é comunicada aos homens mediante a proclamação da palavra de Deus e os sacramentos, naquela economia divina para a qual a Igreja, Corpo de Cristo, foi constituída "como sacramento universal de Salvação"[10]. O Batismo, sacramento do novo nascimento em Cristo, insere vitalmente os fiéis nessa corrente que brota do Salvador.

---

[6] *Missale Romanm,* Dominica Pascheae in Ressurrectione Domini, ad Missam in die, Super Oblata.
[7] Rm 4,25
[8] Cf. Lc 22,19; 1Cor 11,24s.
[9] Cf. Jo 20,23; 2Cor 5,18s.
[10] Conc. Ecum. Vat. II, Const. dogm. sobre a Igreja, *Lumen Gentium,* 48

A Confirmação vincula-os mais intimamente à Igreja e fortifica-os no testemunho de Cristo e no amor coerente para com Deus e para com os irmãos. A Eucaristia, em particular, torna presente toda a obra da Redenção que, ao longo do ano, é perpetuada na celebração dos mistérios divinos; nela, o próprio Redentor, realmente presente sob as sagradas espécies, dá-se aos fiéis e, aproximando-os "sempre daquele amor que é mais forte do que a morte"[11], une-os a si e, ao mesmo tempo, entre si. E, deste modo, a Eucaristia constrói a Igreja, dado que é sinal e causa da unidade do Povo de Deus e, por conseguinte, fonte e vértice de toda a vida cristã[12]. A Penitência purifica os mesmos fiéis, como em seguida se dirá mais amplamente. A Sagrada Ordem configura os escolhidos a Cristo, Sumo e eterno Sacerdote, e confere-lhes o poder de, em seu nome, apascentar a Igreja, com a palavra e com a graça de Deus, sobretudo no culto da Eucaristia. No Matrimônio, "o autêntico amor conjugal é assumido no amor divino e é firmado e enriquecido pela virtude redentora de Cristo e pela ação salvífica da Igreja"[13]. Finalmente, a Unção dos Enfermos, unindo os sofrimentos dos fiéis aos do Redentor, purifica-os em ordem à redenção completa do homem, também quanto ao corpo, e prepara-os para o encontro beatificante com Deus Uno e Trino.

Além disso, os diversos elementos da prática religiosa cristã, especialmente aqueles que se entendem sob

---

[11] João Paulo PP. II, Enc. *Dives in Misericórdia,* 13: *AAS* 72 (1980), p. 1219

[12] Conc. Ecum. Vat. II, Const. dogm. sobre a Igreja, *Lumen Gentium,* 11

[13] Conc. Ecum. Vat. II, Const. dogm. sobre a Igreja no mundo contemporâneo, *Gaudium et Spes, 48.*

a designação de "sacramentais", assim como as expressões de uma genuína piedade popular, indo haurir também eles a sua eficácia na riqueza que continuamente brota da morte na Cruz e da Ressurreição de Cristo Redentor, dão aos fiéis facilidades num contato sempre renovado e vivificante com o Senhor.

Se toda a atividade da Igreja, portanto, está marcada pela força transformadora da Redenção de Cristo e, continuamente, vai haurir dessas fontes da Salvação[14], é claro que o Jubileu da Redenção — como já dizia ao Sacro Colégio em 23 de dezembro passado — não poderá ser senão "um ano ordinário celebrado de modo extraordinário: a posse da graça da Redenção, vivida ordinariamente na própria estrutura e por meio da estrutura da Igreja, torna-se extraordinária pela peculiaridade da celebração proclamada"[15]. Desta maneira, a vida e a atividade da Igreja, neste ano, tornam-se "jubilares": o Ano da Redenção há de deixar uma marca particular em toda a vida da mesma Igreja, a fim de que os cristãos possam redescobrir na própria experiência existencial todas as riquezas ínsitas na Salvação, que lhes foi comunicada desde o Batismo, e se sintam impelidos pelo amor de Cristo ao pensar "que um morreu por todos e, portanto, todos morreram, e que morreu por todos a fim de que os que vivem já não vivam para si mesmos, mas sim para aquele que morreu e ressuscitou por todos"[16]. E dado que a Igreja é a dispensadora da multiforme graça de Deus, se ela atribui

---

[14] Cf. Is 12,3.
[15] Alocução aos Cardeais e aos Membros da Cúria Romana, 3: "L´Osservatore Romano", 24 de dezembro de 1982.
[16] Cf. 2Cor 5,14s.

um significado específico a este Ano, então a economia divina da Salvação será atuada nas várias formas em que irá concretizar-se este mesmo Ano Jubilar da Redenção.

De tudo isso resulta para este acontecimento um vincado caráter pastoral. O significado profundo e a beleza recôndita deste Ano que o Senhor nos concede celebrar hão de ser vistos na redescoberta e na prática vivida da economia sacramental da Igreja, por meio da qual chega a cada um dos fiéis e à comunidade a graça de Deus em Cristo.

Por outro lado, há de ficar claro que este tempo forte, durante o qual cada um dos cristãos é chamado a realizar mais profundamente a reconciliação com o Pai no Filho, só alcançará plenamente os seus objetivos se levar a um empenho novo de cada um e de todos em favor da reconciliação não apenas entre os discípulos de Cristo, mas também entre todos os homens, e, ainda, ao serviço da paz entre todos os povos. Uma fé e uma vida autenticamente cristã hão de, necessariamente, desabrochar naquela caridade que edifica a verdade e promove a justiça.

4. A extraordinária celebração jubilar da Redenção visa, antes de mais nada, reavivar nos filhos da Igreja católica a consciência de "que a sua condição privilegiada não se deve atribuir aos próprios méritos, mas sim a uma graça especial de Cristo; pelo que, se a ela não corresponderem com os pensamentos, palavras e ações, bem longe de se salvarem, serão antes mais severamente julgados"[17].

---

[17] Conc. Ecum. Vat. II, Const. dogm. sobre a Igreja, *Lumen Gentium*, 14.

Por conseqüência, todos os fiéis devem sentir-se sobretudo chamados a uma aplicação especial à penitência e à renovação, dado que é este o estado permanente da própria Igreja, a qual, sendo "simultaneamente santa e sempre necessitada de purificação, não descura nunca a penitência e a renovação de si mesma"[18], seguindo a exortação dirigida por Cristo às multidões, no início do seu ministério: "Fazei penitência e acreditai na Boa Nova"[19].

Quanto a este empenho específico, o Ano que estamos para celebrar está na linha do Ano Santo de 1975, para o qual o meu venerando predecessor, Paulo VI, estabeleceu como finalidade primária a renovação em Cristo e a reconciliação com Deus[20]. Não pode, de fato, haver renovação espiritual que não passe pela penitência-conversão, quer como atitude interior e permanente do fiel cristão e como exercício da virtude que corresponde ao convite do apóstolo, de "deixar-se reconciliar com Deus"[21], quer como acesso ao perdão mediante o sacramento da Penitência.

Constitui, de fato, uma exigência da sua condição eclesial que todos e cada um dos católicos nada omitam para se manter na vida em graça e, por outro lado, façam tudo por não cair no pecado, a fim de estar sempre em condições de participar do Corpo e do Sangue do Senhor e ser, desse modo, de enriquecimento para toda a Igreja com a sua própria santificação pessoal e com o empenho cada vez mais sincero no serviço do Senhor.

---

[18] Conc. Ecum. Vat. II, Const. dogm. sobre a Igreja, *Lumen Gentium*, 8.
[19] Mc 1,15.
[20] Cf. Bula *Apostolorum Limina*, I: *AAS* 66 (1974), pp. 292ss.
[21] Cf. 2Cor 5,20.

5. Estar livre do pecado, portanto, é fruto e exigência primária da fé em Cristo Redentor e na sua Igreja, tendo-nos Ele libertado para que fôssemos livres[22] e participássemos do dom do seu Corpo sacramental, para edificação do seu Corpo eclesial.

E assim para servir essa liberdade, o Senhor Jesus instituiu na sua Igreja o sacramento da Penitência, para que aqueles que cometeram pecados depois do Batismo sejam reconciliados com Deus a quem ofenderam e com a Igreja que feriram[23].

O chamamento universal à conversão[24] insere-se precisamente neste contexto. Uma vez que todos são pecadores, todos precisam daquela radical mudança de espírito, de mente e de vida que, na Bíblia, é designada exatamente por *"metanóia"*, ou seja, conversão. E esta atitude é suscitada e alimentada pela palavra de Deus, que é revelação da misericórdia do Senhor[25] e que se torna operosa, sobretudo, por meio dos sacramentos e se manifesta em múltiplas formas de caridade e de serviço aos irmãos.

Na economia ordinária, para se restabelecer o estado de graça, não basta reconhecer interiormente a própria culpa nem fazer uma reparação externa. Com efeito, Cristo Redentor, ao instituir a Igreja e ao constituí-la sacramento universal de Salvação, estabeleceu que a salvação individual de cada pessoa se dê no interior da Igreja e medi-

---

[22] Cf. Gl 5,1.
[23] Cf. Conc. Ecum. Vat. II, Const. dogm. sobre a Igreja, *Lumen Gentium*, 11; *Ordo Paenitentiae*, n 2.
[24] Cf. Mc 1,15; Lc 13,3-5.
[25] Cf. Mc 1,15

ante o ministério da mesma Igreja[26], do qual Deus se serve também para comunicar o início da Salvação, que é a fé[27]. É certo que as vias do Senhor são imperscrutáveis e que o mistério do encontro com Deus no íntimo da consciência permanece insondável; mas a via que Cristo nos deu a conhecer é a que passa através da Igreja, a qual, mediante o sacramento, ou pelo menos o "propósito" de a ele recorrer, restabelece um novo contato pessoal entre o pecador e o Redentor. Esse contato vivificante é indicado também pelo sinal da absolvição sacramental, pela qual Cristo que perdoa, mediante a pessoa do seu ministro, atinge na sua individualidade a pessoa que tem necessidade de ser perdoada e vivifica nela a convicção de fé, de que dependem todas as demais: "a fé do Filho de Deus, que me amou e se entregou a si mesmo por mim"[28].

6. Toda a reencontrada convicção do amor misericordioso de Deus e todas e cada uma das respostas de amor penitente da parte do homem são sempre um fato eclesial. À virtude própria do sacramento vêm juntar-se, como participação no mérito e no valor satisfatório infinito do Sangue de Cristo, único Redentor, os merecimentos satisfatórios de todos aqueles que, santificados em Cristo Jesus e fiéis ao chamamento para serem santos[29], oferecem alegrias e orações, privações e sofrimentos em benefício dos

---

[26] Cf. *Ordo Paenitentiae,* n. 46.
[27] Conc. Ecum. Vat. II, Const. dogm. sobre a Igreja, *Lumen Gentium,* 11; 28 Conc. Ecum. Trid., Sess. VI *De iustiific.,* cap. 8: *DS* 1532.
[28] Gl 2,20.
[29] Cf. 1Cor 1,2.

irmãos na fé mais necessitados de perdão e, ainda, em favor de todo o Corpo de Cristo, que é a Igreja[30].

Por conseguinte, a prática da Confissão sacramental, no contexto da comunhão dos santos que concorre de diversas maneiras para aproximar os homens de Cristo[31], é um ato de fé no mistério da Redenção e da sua atualização na Igreja. A celebração da Penitência sacramental, efetivamente, é sempre um ato da Igreja, com o qual ela proclama a sua fé, dá graças a Deus pela liberdade para a qual Cristo nos libertou, oferece a sua vida como sacrifício espiritual para louvor da glória de Deus e, entretanto, acelera o passo ao encontro de Cristo Senhor.

É exigência do próprio mistério da Redenção que o ministério da reconciliação, confiado por Deus aos pastores da Igreja[32], tenha a sua atuação conatural no sacramento da Penitência. E disso são responsáveis os bispos, que são na Igreja os dispensadores da graça[33] que promana do Sacerdócio de Cristo, do qual é dado aos seus ministros participar, e também enquanto são coordenadores da disciplina penitencial; são também responsáveis os sacerdotes, que têm a possibilidade de unir-se à intenção e à caridade de Cristo, especialmente ao administrarem o sacramento da Penitência[34].

---

[30] Cf. Gl 6,10; Cl 1,24.
[31] Cf. Conc. Ecum. Vat. II, Const. dogm. sobre a Igreja, *Lumen Gentium*, 50.
[32] Cf. 2Cor 5,18.
[33] Cf. 1Pd 4,10.
[34] Conc. Ecum. Vat. II, Const. dogm. sobre a Igreja, *Lumen Gentium*, 26; Decr. sobre o Mistério de Vida dos Sacerdotes, *Presbyterorum Ordinis*, 13.

7. Ao fazer estas considerações, sinto-me bem próximo e unido às preocupações pastorais de todos os meus irmãos no episcopado. E, neste ponto, é assaz significativo que o Sínodo dos Bispos, que vai realizar-se neste Ano Jubilar da Redenção, tenha por tema precisamente *A Reconciliação e a Penitência na Missão da Igreja*.

Os Pastores sagrados irão, por certo, dedicar, juntamente comigo, particular atenção ao papel insubstituível do sacramento da Penitência nesta missão salvífica da Igreja; e irão dedicar todo o empenho para que não seja omitido nada daquilo que aproveita para a edificação do Corpo de Cristo[35]. Não constitui, porventura, o nosso desejo comum mais ardente que, neste Ano da Redenção, diminua o número das ovelhas tresmalhadas e se verifique para todos um retorno para o Pai que espera[36] e para Cristo, pastor e guarda das almas de todos?[37].

Ao aproximar-se, efetivamente, o início do seu terceiro milênio, a Igreja sente se particularmente empenhada na fidelidade aos dons divinos, que têm na Redenção de Cristo a sua fonte, e mediante os quais o Espírito Santo a orienta no sentido do próprio desenvolvimento e renovação, a fim de se tornar esposa cada vez mais digna do seu Senhor[38]. Para isso ela confia no Espírito Santo e deseja associar-se à sua ação misteriosa, como a Esposa que invoca a vinda de Cristo[39].

---

[35] Cf. Ef 4,12.
[36] Cf. Lc 15,20.
[37] Cf. 1Pd 2,25.
[38] Cf. Conc. Ecum. Vat. II, Const. dogm. sobre a Igreja, *Lumen Gentium,* 9,12.
[39] Cf. Ap 22,17.

8. A *graça específica* do Ano da Redenção consiste, portanto, *numa descoberta renovada do amor de Deus que se dá e num aprofundamento das riquezas imperscrutáveis do Mistério Pascal* de Cristo, *tornadas próprias mediante* a cotidiana experiência da vida cristã sob todas as suas formas. Os vários atos religiosos deste Ano Jubilar deverão ser orientados para essa graça, por um esforço contínuo que pressupõe e exige o desapego do pecado, da mentalidade do mundo, o qual "está sob o jugo do Maligno"[40] e, ainda, de tudo aquilo que impede ou faz abrandar a caminhada da conversão.

Situa-se também nesta perspectiva de graça o dom da indulgência, próprio e característico do Ano Jubilar, que a Igreja, em virtude do poder que lhe foi dado por Cristo, proporciona a todos aqueles que, com as disposições aludidas, cumprem as prescrições próprias do Jubileu. Como salientava o meu predecessor Paulo VI, na bula de proclamação do Ano Santo de 1975, "com a indulgência, a Igreja, valendo-se do seu poder de ministra da Redenção operada por Cristo Senhor, comunica aos fiéis a participação nesta plenitude de Cristo na comunhão dos santos, proporcionando-lhes em medida amplíssima os meios para eles alcançarem a Salvação"[41].

A Igreja, dispensadora de graça, por vontade expressa do seu Fundador, proporciona a todos os fiéis a possibilidade de acesso, mediante a indulgência, ao dom total da misericórdia de Deus; mas, para isso, requer que haja a plena disponibilidade e a necessária purificação

---

[40] 1Jo 5,19.
[41] Bula *Apostolorum Limina*, II: *AAS* 66 (1974), p. 295.

interior, uma vez que a indulgência não é separável da virtude e do sacramento da Penitência. E eu confio muito em que, com o Jubileu, possa *acrisolar-se* nos fiéis o dom do "temor de Deus", que lhes foi dado pelo Espírito Santo, o qual juntamente com a delicadeza do amor, os leve cada vez mais a evitar o pecado e a procurar repará-lo, por si mesmos e pelos outros, com a aceitação dos sofrimentos cotidianos e com as várias práticas jubilares. É preciso redescobrir o sentido do pecado e, para chegar a isso, é preciso redescobrir o sentido de Deus! O pecado, de fato, é uma ofensa feita ao Deus justo e misericordioso, que exige ser convenientemente expiada, na vida presente ou na outra vida. Como deixar de recordar a advertência salutar: "O Senhor julgará o seu povo. É terrível cair nas mãos do Deus vivo![42]"?

A esta renovada consciência do pecado e das suas conseqüências deve corresponder uma revalorização da vida em graça, pela qual a Igreja se regozijará, como por mais um dom de Redenção do seu Senhor morto e ressuscitado. Para isso está voltado aquele intento eminentemente pastoral do Jubileu, do qual já falei.

9. Que a Igreja toda, pois, desde os bispos até aos mais pequenos e humildes dentre os fiéis, se sinta chamada a viver a última parte deste vigésimo século da Redenção com um renovado *espírito de Advento,* que a prepare para o terceiro milênio, que já está próximo, com os mesmos sentimentos com que a Virgem Maria esperava o nascimento do Senhor na humildade da nossa natureza humana. Do mesmo modo que Maria precedeu a Igreja na fé e

---

[42] Hb 10,30s.

no amor ao alvorecer da era da Redenção, assim a preceda hoje, quando a mesma Igreja, neste Jubileu, se encaminha para o novo milênio da Redenção.

Neste novo período da sua história, a Igreja, como nunca, em Maria "admira e exalta o mais excelso fruto da Redenção, em quem contempla com alegria, qual imagem puríssima, o que ela, toda ela, deseja e espera"[43]; em Maria, reconhece, venera e invoca a "primeira redimida" e, ao mesmo tempo, a primeira que foi associada mais de perto à obra da Redenção.

A Igreja inteira deverá, portanto, procurar concentrar-se como Maria, com amor indiviso, em Jesus Cristo seu Senhor, testemunhando com o ensino e com a vida que nada se pode fazer sem Ele, uma vez que em nenhum outro pode haver salvação[44]. E como Maria, anuindo à palavra divina, se tornou Mãe de Jesus e se consagrou totalmente à pessoa e obra do seu Filho, servindo o mistério da Redenção[45], assim também a Igreja deve proclamar, hoje e sempre, não conhecer, no meio dos homens, senão Jesus Cristo crucificado, que para nós se tornou sabedoria, justificação, santificação e redenção[46].

Com este testemunho de Cristo Redentor também a Igreja, como Maria, poderá acender a chama de uma nova esperança para o mundo inteiro.

---

[43] Conc. Ecum. Vat. II, Const. dogm. sobre a Sagrada Liturgia, *Sacrosanctum Concilium,* 103.
[44] Cf. Jo 15,5; At 4,12.
[45] Cf Conc. Ecum. Vat. II, Const. dogm. sobre a Igreja, *Lumen Gentium,* 56.
[46] Cf. 1Cor 1,30; 2,2.

10. Durante este Ano Jubilar da Redenção, que sabemos realizada de uma vez para sempre, mas a ser aplicada e expandida para o incremento da santificação universal que deverá aperfeiçoar-se sempre, desejo com trepidante esperança que se dê um encontro recíproco de intenções em todos aqueles que crêem em Cristo: também naqueles nossos irmãos que estão em real comunhão conosco, embora não plena, porque a nós unidos na fé no Filho de Deus encarnado, nosso Redentor e Senhor, e no comum Batismo[47]

Com efeito, todos aqueles que responderam à eleição divina para obedecer a Jesus Cristo, para ser aspergidos com seu Sangue e se tornar participantes da sua Ressurreição[48], crêem que *a Redenção da escravidão do pecado é o cumprimento de toda a Revelação divina*, porque nela se verificou aquilo que nenhuma criatura jamais teria podido pensar ou fazer; isto é: que Deus imortal em Cristo se imolou na Cruz pelo homem e que a humanidade mortal nele ressuscitou. Eles crêem que a *Redenção é a suprema exaltação do homem, uma vez que o faz morrer para o pecado a fim de o fazer participante da própria vida de Deus*. Eles crêem que a existência humana inteira e toda a história da humanidade recebem *plenitude de significado* somente da inabalável certeza de que "Deus amou de tal forma o mundo que lhe deu o seu Filho unigênito, para que todo o que crer nele não pereça, mas tenha a vida eterna"[49].

---

[47] Cf. Conc. Ecum. Vat. II, Decr. sobre o Ecumeninsmo, *Unitatis Redintegratio,* 12,2.
[48] Cf. 1Pd 1,1s.; Cl 3,1.
[49] Jo 3,16.

Oxalá possa a experiência reavivada desta única fé, também no Ano Jubilar, apressar o tempo da inefável alegria dos irmãos que vivem juntos, em atitude de ouvir a voz de Cristo no seu único rebanho, com Ele único e supremo Pastor[50]. Entretanto, já nos é dada a alegria de saber que muitos deles se preparam para celebrar, durante este Ano, de modo particular, Jesus Cristo como vida do mundo: e eu desejo bom êxito para as suas iniciativas e peço a Deus que os abençoe.

11. É claro, no entanto, que a celebração do Ano Jubilar diz respeito principalmente aos filhos da Igreja que compartilham integralmente a sua fé em Cristo Redentor e vivem em plena comunhão com ela. Conforme já anunciei, o Ano Jubilar será celebrado, contemporaneamente, em Roma e em todas as dioceses do mundo[51]. Para a obtenção dos benefícios espirituais, ligados à ocorrência do Jubileu, darei aqui, além de algumas disposições, apenas orientações de caráter geral, deixando às Conferências Episcopais e aos bispos de cada diocese a tarefa de estabelecer indicações e sugestões pastorais mais concretas, em consonância tanto com a mentalidade e os costumes locais, como com as finalidades do 1950º aniversário da morte e ressurreição de Cristo. Na verdade, a celebração deste acontecimento intenta ser, sobretudo, um apelo ao arrependimento e à conversão, enquanto são disposições necessárias para participar da graça da Redenção, operada pelo mesmo Cristo, e para chegar, assim, a uma

---

[50] Cf. Sl 133 (132),1; Jo 10,16.
[51] Alocução aos Cardeais e aos Membros da Cúria Romana, 3: "L´Osservatores Romano", 24 de dezembro de 1982.

renovação espiritual em cada um dos fiéis, nas famílias, nas paróquias, nas dioceses, nas comunidades religiosas e em outros centros de vida cristã e de apostolado.

É meu desejo, antes de mais nada, que se dê importância fundamental às duas principais condições requeridas para lucrar todas as indulgências plenárias, ou seja: à *Confissão sacramental, pessoal e íntegra,* na qual se dá o encontro da miséria do homem com a misericórdia de Deus; e à *Comunhão eucarística,* dignamente recebida.

A propósito disso, exorto todos os sacerdotes a oferecer, com generosa disponibilidade e com dedicação, as possibilidades mais amplas possíveis aos fiéis, para usufruir dos meios de Salvação; e, no sentido de facilitar a tarefa dos confessores, disponho que os sacerdotes, que acompanharem ou se juntarem às peregrinações jubilares fora da própria diocese, possam exercer as faculdades de que estão providos pela autoridade legítima na sua diocese. Serão ainda concedidas faculdades especiais, pela Sagrada Penitenciária Apostólica, aos penitenciários das basílicas patriarcais de Roma e, em certa medida, a todos os sacerdotes que ouvirem em confissão os fiéis que se aproximarem do sacramento da Penitência com a finalidade de ganhar o Jubileu.

Interpretando o sentir maternal da Igreja, disponho que a indulgência do Jubileu possa ser lucrada, escolhendo para isso uma dentre as seguintes maneiras, as quais hão de ser, ao mesmo tempo, expressão e aplicação renovada de vida eclesial exemplar:

A

Participar devotamente de uma *celebração comunitária*, organizada — em plano diocesano ou, se estiver em conformidade com as indicações do bispo, também nas paróquias singularmente consideradas — para ganhar o Jubileu. Em tal celebração deverá ser inserida uma oração segundo as intenções do Papa, em particular para que o acontecimento da Redenção possa ser anunciado a todos os povos e para que, em todas as nações, aqueles que crêem em Cristo possam professar livremente a própria fé. É para desejar que a celebração seja acompanhada, na medida do possível, de uma obra de misericórdia, na qual o penitente prossiga e manifeste o próprio empenho de conversão.

O ato comunitário poderá consistir, de modo especial, na participação:

— da Santa Missa programada para o Jubileu. Os bispos hão de providenciar para que, nas suas dioceses, esteja assegurada aos fiéis a facilidade de nela tomarem parte, e para que a celebração seja digna e bem preparada. Quando as normas litúrgicas o permitirem, é aconselhável a escolha de uma das Missas *pro reconciliatione, pro remissione peccatorum, ad postulandam caritatem, pro concordia fovenda, de mysterio Sanctae Crucis, de Sanctissima Eucharistia, de Pretiosissimo Sanguine D.N.J.C.,* cujos formulários se encontram no *Missal Romano*; e poder-se-á usar uma das duas orações eucarísticas para a reconciliação;

— ou então, de uma Celebração da Palavra, que poderia ser uma adaptação e ampliação do Ofício das

Leituras, ou da celebração das Laudes ou das Vésperas, contanto que tais celebrações sejam ordenadas para a finalidade do Jubileu;

— ou ainda, de uma celebração penitencial, promovida para ganhar o Jubileu, que se conclua com a confissão individual de cada um dos penitentes, como está previsto no Ritual da Penitência (II forma);

— ou também, de uma administração solene do Batismo ou de outros sacramentos (como, por exemplo, a Confirmação ou a Unção dos Enfermos *intra Eucharistiam*);

— ou, por fim, do piedoso exercício da via-sacra, organizada para ganhar o Jubileu.

Os bispos diocesanos poderão dispor, além disso, que a obtenção da indulgência possa verificar-se mediante a participação de uma missão popular, promovida nas paróquias pela ocorrência do Jubileu da Redenção, ou então participando de dias de retiro espiritual, organizados para grupos ou categorias de pessoas. Como é óbvio, nestes casos não há de faltar uma oração pelas intenções do Papa.

B

Visitar individualmente, ou então — o que seria preferível — *juntamente com a própria família,* uma das igrejas ou lugares a seguir indicados; e, aí, dedicar-se durante alguns momentos à meditação e renovar a própria fé, com a recitação do "Credo" e do "Pai-nosso", e orando pelas intenções do Papa, como foi indicado precedentemente.

Pelo que respeita às igrejas e aos lugares, para tal visita, disponho quanto segue:

a) *Em Roma* deve ser feita uma visita a uma das quatro basílicas patriarcais (São João de Latrão, São Pedro no Vaticano, São Paulo Fora-de-Muros e Santa Maria Maior), ou então a uma das catacumbas ou à basílica de Santa Cruz em Jerusalém.

A Comissão designada adrede para o Ano Jubilar, em colaboração também com a diocese de Roma, tomará a seu cuidado uma programação coordenada e contínua de celebrações litúrgicas integradas com adequada assistência religiosa e espiritual aos peregrinos.

b) *Nas outras dioceses do mundo,* o Jubileu poderá ser adquirido visitando uma das igrejas que os bispos estabelecerem. Na escolha de tais lugares, entre os quais naturalmente deve ser incluída, antes de mais, a catedral, os bispos hão de ter presentes as necessidades dos fiéis, mas também a oportunidade de ser mantido, na medida do possível, o sentido da peregrinação, o qual, com o seu simbolismo, exprime a necessidade, a busca e, por vezes, a santa inquietude da alma que anela estabelecer ou restabelecer o vínculo de amor com Deus Pai, com Deus Filho, Redentor do homem, e com Deus Espírito Santo, que opera nos corações a salvação.

Todos aqueles que, por motivo de saúde abalada, não puderem deslocar-se a uma das igrejas indicadas pelo Ordinário do lugar, poderão ganhar o Jubileu fazendo a visita à própria igreja paroquial. Para os doentes, impedidos de fazer tal visita, bastará que se unam espiritualmente ao ato realizado pelos próprios familiares ou pela própria paróquia, para ganhar o Jubileu, oferecendo a Deus as suas orações e os seus sofrimentos.

Análogas facilitações são concedidas aos que se encontram em instituições para anciãos e inválidos e aos internados em estabelecimentos prisionais, aos quais devem ser dedicadas particulares atenções pastorais, à luz de Cristo Redentor universal.

Os religiosos e as religiosas de clausura poderão ganhar o Jubileu nas suas igrejas monásticas ou conventuais.

No decorrer do Ano Jubilar continuam em vigor as outras concessões de indulgências, permanecendo firme, no entanto, a norma segundo a qual se pode lucrar o dom da indulgência plenária somente uma vez por dia[52]. Todas as indulgências podem ser sempre aplicadas pelos defuntos à maneira de sufrágio[53].

12. A Porta Santa, que eu próprio abrirei na Basílica de São Pedro no Vaticano, a 25 de março próximo, há de constituir o sinal e o símbolo de um novo acesso a Cristo, Redentor do homem, que a todos chama, sem excluir ninguém, para uma consideração mais apropriada do mistério da Redenção e para participar dos seus frutos[54], particularmente mediante o sacramento da Penitência.

Um rito especial de oração e de penitência poderá ser celebrado pelos bispos de todo o mundo, na respectiva catedral, no mesmo dia ou em data imediatamente a seguir, para que, assim, no início do solene Jubileu, todo o episcopado dos cinco Continentes, com os próprios sacerdotes e fiéis, manifeste a sua união espiritual com o sucessor de Pedro.

---

[52] Cf. *Enchiridion Indulgentiarum, Normae de Indulgentiis*, n. 24, 1.
[53] Cf. Ibid., l.c., n. 4.
[54] Cf. 1Tm 2,4.

Convido, pois, de todo o coração, os meus irmãos no episcopado, os sacerdotes, os religiosos, as religiosas, e todos os fiéis, a viver e a procurar que outros vivam intensamente este ano de graça.

Peço a Maria Santíssima, Mãe do Redentor e Mãe da Igreja, que interceda por nós e nos alcance a graça de uma celebração frutuosa do Ano Jubilar, vinte anos depois do Concílio Vaticano II, e "mostre uma vez mais a toda a Igreja, melhor, a toda a humanidade, aquele Jesus que é fruto bendito do seu ventre e que é o Redentor de todos"[55]. Nas suas mãos e ao seu coração de Mãe confio o bom êxito desta celebração jubilar.

É minha vontade que esta Carta tenha plena eficácia em toda a Igreja e tenha cumprimento o que nela disponho, não obstante quaisquer disposições em contrário.

Dado em Roma, junto de São Pedro, na solenidade da Epifania do Senhor, a 6 de janeiro do ano de 1983, quinto do meu Pontificado.

EGO JOANNES PAULUS
Catholicae Ecclesiae Episcopus

---

[55] Alocução aos Cardeais e aos Membros da Cúria Romana, 11: "L´Osservatores Romano", 24 de dezembro de 1982.

ALOCUÇÃO DO SANTO PADRE
AO SACRO COLÉGIO
E AOS MEMBROS DA CÚRIA ROMANA
SOBRE O ANO JUBILAR DA REDENÇÃO

(23 de dezembro de 1982)

Veneráveis irmãos do Sacro Colégio,
Filhos caríssimos:

1. A iminência do Natal encontra-nos reunidos, como de costume, para a agradável troca de cumprimentos de boas festas. Os nossos corações transbordam na mútua alegria: *Dominus prope est!* O Senhor está perto[1]. A expectativa do nascimento terreno do Filho de Deus feito homem polariza, nestes dias, a nossa atenção, a nossa vigilância, bem como a nossa oração, estimulando-a e tornando-a mais intensa e humilde.

Agradeço-vos, pois, esta vossa presença, que me permite regozijar-me desde já, em comunhão de espírito, com a riqueza do mistério que estamos para reviver. Agradeço, de modo particular, ao venerando Cardeal Decano, pelas palavras apropriadas que, em nome de todos vós, acaba de me dirigir.

Juntos, vamos ao encontro do Redentor que vem: a liturgia do Advento já nos dispôs amplamente para esta viagem espiritual, que vai ao encontro do Esperado das nações: até agora percorremo-la na companhia de Isaías, "protótipo" da expectativa messiânica; seguindo as pegadas do Batista, que uma vez mais fez ressoar para nós a sua voz, a fim de "prepararmos os caminhos"[2]; e, sobretudo, com Maria, a Virgem em atitude de escuta, que esteve conosco com o seu exemplo e com a sua intercessão, porque, onde se espera Jesus, está sempre presente Maria, a "Estrela da manhã" que prepara a vinda do "Sol da justiça"[3].

---

[1] Fl 4,5.
[2] Cf. Mt 3,3; Lc 3,4.
[3] Ml 4,2.

2. E agora estão para se completar os dias[4] daquela Natividade bendita, que iremos reviver nos divinos mistérios da Noite Santa; aproxima-se "a plenitude dos tempos" quando, como diz São Paulo, "Deus enviou o seu Filho, nascido de mulher, nascido sujeito à lei, *para resgatar*"[5].

Jesus nasce para resgatar, *vem para nos redimir.*

Vem para nos reconciliar com Deus. Como bem acentua Santo Agostinho, com a sua expressividade característica, *per Caput nostrum reconciliamur Deo, quia in illo est divinitas Unigeniti facta particeps mortalitatis nostrae, ut et nos participes eius immortalitatis essemus*[6].

O Natal é o início daquele "admirável intercâmbio" que nos une a Deus: é *o início da Redenção.*

Compreendeis, portanto, a ressonância que deve ter em nós a solenidade iminente, quando, com toda a Igreja, já nos estamos preparando com ardor para a celebração do *Jubileu da Redenção.* Desejo, pois, deter as minhas considerações sobre este acontecimento extraordinário, nesta ocasião, a primeira que se me oferece depois do anúncio feito na conclusão da Assembléia do Sacro Colégio, a 26 de novembro passado. Desejaria abrir-vos o meu coração para vos dar a conhecer, e a toda a Igreja convosco, as minhas intenções, isto é, o meu pensamento acerca do significado e do valor deste Ano Santo. Não é este o momento para descer a particulares de caráter organizativo ou prático: virão brevemente. Interessa-me sobretudo

---

[4] Cf. Lc 2,6.
[5] Gl 4,4.
[6] Ep. 187, 6, 20; *CSEL* 57, p. 99.

refletir juntamente convosco sobre os vários *conteúdos do Jubileu* que se está preparando.

3. Antes de mais, convém salientar um aspecto que chama a atenção de quem está atento "à voz do Espírito que fala às Igrejas"[7]: a função que este Jubileu de graça assume, entre o Ano Santo celebrado em 1975 e o que será celebrado no ano 2000, na aurora do terceiro milênio — o grande Ano Santo. É, pois, um Jubileu de transição entre estas duas datas, como que uma ponte lançada para o futuro, que parte da experiência extraordinária, vivida por todos, oito anos atrás; de fato, Paulo VI, de venerável memória, convidou então todos os fiéis a viver a própria "renovação espiritual em Cristo e a reconciliação com Deus".

É o Jubileu da Redenção: na verdade, se cada Ano Santo propõe em plano universal o aprofundamento do mistério da Redenção e o faz reviver na fé e na penitência, mais ainda, se a Igreja recorda sempre a Redenção, não só cada ano, mas cada domingo, cada dia, cada instante da sua vida — porque, na celebração dos sacramentos, ela está totalmente imersa neste dom sublime e único do amor de Deus que nos foi proporcionado em Cristo Redentor — então este próximo Jubileu é *um ano ordinário celebrado de modo extraordinário:* a posse da graça da Redenção, vivida ordinariamente na estrutura e mediante a mesma estrutura da Igreja, torna-se extraordinária pela peculiaridade da celebração em programa.

Colocado nesta perspectiva, no *Kairós* da data histórica que estamos vivendo, este Jubileu adquire, o caráter de um desafio lançado ao homem de hoje, aos cristãos

---
[7] Ap 2,29.

de hoje, para que compreendam mais profundamente o mistério da Redenção, se deixem atrair por este movimento extraordinário da *Redenção, cujo realismo se verifica constantemente na Igreja como instituição,* e deve ser apreendido, *como carisma, na hora de graça* que o Senhor faz soar para cada homem nos momentos fortes da experiência cristã. Trata-se de um movimento espiritual central, que desde já deve ser favorecido e preparado ao nível de toda a Igreja.

Daqui, a necessidade de viver intensamente este período muito importante. O próximo Jubileu, se não teve as habituais formas de longos tempos de preparação, encontra, contudo, a Igreja já preparada para o celebrar. As duas encíclicas *"Redemptor Hominis"* e *"Dives in Misericordia"* constituem indicações concretas que podem, de alguma maneira, apontar o caminho a seguir e dar orientações para uma apropriada celebração do acontecimento. Estamos também aguardando, a nível de Igreja universal, o Sínodo dos Bispos, que por singular coincidência decorrerá durante o Jubileu e será dedicado a uma temática estritamente ligada aos seus conteúdos concretos: "A Reconciliação e a Penitência na Missão da Igreja". O Sínodo está sendo preparado há dois anos, e todos os episcopados do mundo estão, por isso, em plena sintonia com o íntimo significado do Jubileu da Redenção; e, por seu intermédio, é já toda a Igreja que está a caminho para a celebração deste acontecimento de graça e de misericórdia.

4. O próximo Jubileu visa "consciencializar" a celebração da Redenção que continuamente se comemora e se revive em toda a Igreja. A sua finalidade específica é a de

convidar a uma consideração mais aprofundada do acontecimento da Redenção e da sua concreta aplicação no sacramento da Penitência.

O conteúdo acha-se claro já na forma evidente da sua formulação: *Ano da Redenção*. Toda a riqueza do mistério cristão, toda a urgência da proposta evangélica está contida nesta palavra: Redenção. O acontecimento da Redenção é central na história da salvação. Tudo está compendiado nisto: *Cristo veio para nos salvar*. Ele é o Redentor do homem: *"Redemptor hominis"*. Para o homem que procura a verdade, a justiça, a felicidade, a beleza, a bondade, sem as poder encontrar só com as suas forças, e permanece insatisfeito diante das propostas que as ideologias imanentistas e materialistas hoje lhe oferecem, e por isso mesmo se aproxima do abismo do desespero e da náusea ou se paralisa no estéril e autodestrutivo gozo dos sentidos — para o homem que traz em si impressa, na mente e no coração, a imagem de Deus e experimenta esta sede de absoluto — *a única resposta é Cristo*. Cristo vem ao encontro do homem para o libertar da escravidão do pecado e para lhe restituir a dignidade primigênia.

A Redenção compendia todo o mistério de Cristo e constitui o mistério fundamental da fé cristã, o mistério de um Deus que é Amor, e que se revelou como Amor, na doação do seu Filho como vítima de "propiciação pelos nossos pecados"[8].

A Redenção é revelação de amor, é obra de amor, como escrevi na minha primeira encíclica[9]. O Jubileu

---

[8] 1Jo 4,8-10.
[9] Cf. *Redemptor Hominis,* 9.

deve, portanto, levar os cristãos a redescobrir o mistério de amor contido na Redenção, e a um aprofundamento das riquezas escondidas desde sempre em Cristo, na "fornalha ardente" do Mistério Pascal.

Além disso, a Redenção não só revela Deus ao homem, mas revela o homem a si mesmo[10]. Ela é elemento constitutivo da história humana, porque não se é homem em plenitude se não se viver na Redenção, a qual leva o mesmo homem a descobrir as raízes profundas da sua pessoa, ferida pelo pecado e pelas dilacerantes contradições, mas salva por Deus em Cristo, e elevada "ao estado de homem perfeito, à medida que convém à plena maturidade de Cristo"[11].

O Ano da Redenção oferecerá, pois, a ocasião para uma renovada descoberta destas verdades consoladoras e transformadoras: e será tarefa dos pastores de almas, dos estudos teológicos, da pastoral e do Kerigma difundir, no raio mais vasto possível, o anúncio da Salvação, no qual está contida a essência do Evangelho: Cristo é o único Salvador, pois que "em nenhum outro há salvação: não existe debaixo dos céus outro nome dado aos homens no qual possamos ser salvos"[12].

5. Esta *realidade objetiva* do mistério da Redenção deve tornar-se *realidade subjetiva,* própria de cada um dos fiéis, para obter a sua eficácia concreta, na condição histórica do homem que vive, sofre e trabalha neste final

---

[10] Cf. *Gaudium et Spes,* 22.
[11] Ef 4,13.
[12] At 4,12.

do segundo milênio depois de Cristo, que agora está prestes a terminar.

Neste Jubileu, que visa aproximar da misericórdia de Deus a miséria do homem, deve reavivar-se a tensão para a graça, deve aumentar o esforço das consciências para se apropriarem subjetivamente do dom da Redenção, daquele amor que brotou de Cristo crucificado e ressuscitado. O Ano Santo é, por isso, um apelo ao arrependimento e à conversão, como disposições necessárias para participar da graça da Redenção. Não é o homem que se redime dos próprios pecados, mas sim é ele que é redimido ao aceitar o perdão alcançado pelo Redentor. Procuremos, pois, viver o mistério da Redenção, inspirando-nos naquelas grandes realidades que constituem o fio condutor das minhas primeiras encíclicas: Cristo Redentor do homem, Cristo que revela o Pai, rico de misericórdia. Também a celebração do Sínodo há de facilitar a compreensão deste inestimável dom, dispondo os ânimos para se apropriarem subjetivamente da Redenção e para vivê-la mediante a Penitência e a Reconciliação, isto é, com a vitória sobre o mal moral. Ou seja, com o voltarem-se novamente para Deus, *pela conversão*. Como escrevi na *Dives in Misericórdia*, "o autêntico conhecimento do Deus da misericórdia, Deus do amor benigno, é uma fonte constante e inexaurível de conversão, não somente como momentâneo ato interior, mas também como disposição permanente, como estado de espírito. Aqueles que assim chegam ao conhecimento de Deus, aqueles que assim o "vêem", não podem viver de outro modo que não seja convertendo-se a Ele continuamente" (n. 13).

É preciso redescobrir o sentido do pecado, cuja *perda* se relaciona com uma outra *mais radical e profun-*

da, a perda do sentido de Deus. O Sacramento da Penitência é o sacramento da reconciliação com Deus, do encontro da miséria do homem com a misericórdia de Deus, personificada em Cristo Redentor e no poder da Igreja. A *Confissão é uma atualização prática da* fé no acontecimento da Redenção.

O sacramento da Confissão é, portanto, reproposto, mediante o Jubileu, como testemunho da fé na santidade dinâmica da Igreja, a qual, dos homens pecadores, faz santos; como exigência da comunidade eclesial, que é sempre atingida na sua totalidade por cada pecado, mesmo cometido individualmente; como purificação em preparação à Eucaristia; e, ainda, como sinal consolador daquela economia sacramental, pela qual o homem entra em contato direto e pessoal com Cristo, que por ele morreu e ressuscitou: "amou-*me* e entregou-se a si mesmo *por mim*"[13]. Em todos os sacramentos, a começar pelo Batismo, estabelece-se esta relação interpessoal de Cristo com o homem; mas é sobretudo na Penitência e na Eucaristia que ela se torna mais viva ao longo da vida humana, tornando-se realidade, posse, sustentáculo, luz e alegria. *Dilexit me.*

6. Mas o Jubileu da Redenção reveste-se ainda de um outro significado. *Vivemos num mundo que sofre:* tantos homens, nossos irmãos, carregam uma tristíssima herança de privações, de ansiedade, de dor, que a ninguém pode deixar indiferente.

O sofrimento tem a sua raiz teológica e antropológica no mistério do pecado e, por isso mesmo, é elemento

---

[13] Gl 2,20.

constitutivo da Redenção de Cristo. Nada existe neste mundo que mais corresponda ao sofrimento humano do que a Cruz de Cristo. Cristo sofreu a sua Paixão, carregando o peso do pecado do mundo: "Aquele que não havia conhecido pecado, Deus O fez pecado por nós, para que nos tornássemos nele justiça de Deus"[14]. O Concílio Vaticano II, apresentando as dramáticas antinomias e dilacerações que tanto afligem o homem contemporâneo, com os enigmas e os desafios que se apresentam à sua racionalidade e sensibilidade, indicou em Cristo, o Homem novo, e na sua Cruz e Ressurreição, "a única resposta às dramáticas interrogações do homem sobre a dor e a morte"[15]

A Redenção abre-nos o magnífico livro da nossa solidariedade com Cristo sofredor e, por Ele, introduz-nos no mistério da nossa solidariedade com os irmãos que sofrem. O Jubileu da Redenção permitir-nos-á viver mais intensamente no espírito da "Communio Sanctorum". Os sofrimentos humanos são patrimônio de todos: cada um tem a sua quota a dar para a Redenção, a qual, se bem que realizada de uma vez para sempre, necessita desta misteriosa integração, da oferta deste gravíssimo peso que são os males e as dores da humanidade — *"Adimpleo:* completo na minha carne o que falta aos sofrimentos de Cristo pelo seu Corpo, que é a Igreja"[16]. Se hoje a Igreja tornou muito mais leves as tradicionais práticas penitenciais, foi precisamente porque aumentou no mundo, apesar das aparências em contrário, o número daque-

---

[14] 2Cor 5,21.
[15] *Gaudium et Spes.* 22
[16] Cl 1,24.

les que podem realmente fazer uma grande penitência cristã, porque toda a sua vida é uma grande penitência. Penso nos doentes, na solidão dos anciãos, na ansiedade dos pais em relação aos próprios filhos, no desalento dos desempregados e nas frustrações de tantos jovens que não conseguem inserir-se na sociedade; e penso, igualmente, nos que sofrem pela violação dos próprios direitos, por meio de formas de perseguição, por vezes refinadas, ou mesmo de morte civil.

Pois bem, o Jubileu da Redenção está intimamente ligado a esta multiforme e secreta *Communio Sanctorum*. É verdade que a celebração de cada Jubileu nos põe em comunicação com a incomparável riqueza, que os méritos e sofrimentos dos mártires e dos santos ao longo da história antiga e recente da Igreja foram constituindo, como coroa admirável, com o dom da própria vida e da sua heróica fortaleza; e, entretanto, tem se tornado cada vez mais patente — e este será, certamente, um fruto fundamental do próximo Jubileu — que o sofrimento dos irmãos, unido ao de Cristo, é um tesouro do qual vive a Igreja e que sustenta a fé de todos.

Se as dificuldades inerentes à celebração do Jubileu se apresentam hoje menores, em comparação com as de épocas passadas, ou até mesmo dos últimos decênios, isso não nos deve levar a esquecer que cada um pode e deve dar o seu contributo de sofrimento que, quer queiramos quer não, é inerente à existência humana e deve ser associado, em Cristo, ao dos outros irmãos.

Esta solidariedade no sofrimento é hoje muito sentida. Há, realmente, um amor muito maior na convivência dos cristãos entre si e que se estende para além das fronteiras da Igreja. A responsabilidade em relação àqueles que sofrem tem expressões que não eram até aqui sentidas com tanta vivacidade. O Jubileu que se aproxima tornará, por isso, possível um novo enriquecimento desta sensibilidade, que constitui um genuíno *sensus Ecclesiae*, na consciência cada vez maior daquela solidariedade, daquele *adimpleo*.

7. Por todos estes motivos a que me referi, vós compreendereis que a celebração da Redenção não pode limitar-se a Roma, como é habitual na estrutura dos outros Jubileus. Com efeito, o mistério da Redenção abrange todos os homens; e é por isso que esta Santa Sé de Pedro, fiel ao seu mandato, se preocupa com toda a humanidade. O Jubileu é concedido em favor de todos os fiéis, onde quer que vivam. O seu objetivo é ajudá-los a compreender melhor "as imperscrutáveis riquezas de Cristo", fazendo "resplandecer aos olhos de todos a economia do mistério escondido desde todos os séculos em Deus, que tudo criou, para que a multiforme sabedoria de Deus seja manifestada pela Igreja"[17].

É verdade que Roma se oferece a todos os peregrinos com o seu caráter único, suas memórias apostólicas, suas celebrações em que está presente o Papa e com a sua secular prática de organização. Ela, porém, não deseja monopolizar um tesouro que é de todos; e quer que o Jubileu se celebre com os mesmos direitos e os mesmos efeitos espirituais em cada Igreja local, em todo o mundo.

---

[17] Ef. 3,38ss.

O Jubileu, portanto, será celebrado contemporaneamente em toda a Igreja, tanto em Roma como nas Igrejas locais, durante o mesmo ano. Isto favorecerá aos fiéis cristãos o sentido da universalidade da Igreja, a sua dimensão "católica", e será para todos uma proposta para viver mais intimamente a mensagem da Redenção, bem como o empenho de conversão e de renovação espiritual nela contido e que o Jubileu recorda de maneira vigorosa e sugestiva.

8. O Jubileu será celebrado a partir de 25 de março do próximo ano, Solenidade da Anunciação do Senhor, até a Páscoa da Ressurreição, 22 de abril de 1984.

Jesus empregou toda a sua existência terrena na Redenção: *Redemptor hominis*. "Por isso, entrando no mundo — diz-nos a Carta aos Hebreus — Cristo diz: 'Não quiseste sacrifício nem oblação, mas preparaste-me um corpo... Então eu disse: Eis que venho — como está escrito de mim no livro — para fazer, ó Deus, a tua vontade... Em virtude desta vontade, é que nós fomos santificados pela oblação do corpo de Jesus Cristo"[18]. Jesus viveu esperando a "hora" que o Pai lhe confiou: "Vim lançar fogo sobre a terra; e que quero Eu senão que ele já se tenha ateado? Tenho de receber um batismo, e que angústia a minhas até que ele se realize"[19]. "O meu alimento é fazer a vontade d'Aquele que me enviou e realizar a sua obra"[20].

---

[18] Hb 10,5ss.; 10.
[19] Lc 12,49.
[20] Jo 4,34.

Esta obra realizou-se na Cruz, no supremo "tudo está consumado"[21]. E o Pai correspondeu a esta santíssima oblação, constituindo Filho de Deus com todo o poder, segundo o Espírito de santificação pela sua ressurreição de entre os mortos, Jesus Cristo, Senhor Nosso"[22].

Cristo é o Redentor desde a sua concepção até à sua Ressurreição. Poderemos, pois, percorrer uma vez mais todas as etapas da vida do Salvador, para assim participarmos dos frutos da sua Redenção.

9. Confio muito em que também os nossos irmãos, que não estão em plena comunhão com a Igreja católica, compreendam plenamente estes valores próprios da celebração do Jubileu e saibam encará-lo sintonizados com a viva esperança e amor eclesiais.

O Jubileu é *um grande serviço à causa do ecumenismo.* Celebrando a Redenção, passamos além das incompreensões históricas e das controvérsias contingentes, para nos reencontrarmos *no comum plano de fundo do nosso ser cristãos,* ou seja, *remidos.* A Redenção une-nos a todos no único amor de Cristo, Crucificado e Ressuscitado. É este o primeiro significado que, à luz da atividade ecumênica, se deve atribuir ao próximo Jubileu.

Existe ainda um outro motivo que faz nascer em nós a esperança nesta união de corações: o espírito de oração e de penitência, que caracteriza todas as celebrações jubilares, e que deve levar àquela conversão do coração que os Padres Conciliares indicaram como condi-

---

[21] Jo 19,30.
[22] Rm 1,4.

ção essencial para a recomposição da unidade da Igreja: "Não há verdadeiro ecumenismo — como se lê no decreto sobre o mesmo assunto — sem conversão interior. É que os anseios de unidade nascem e amadurecem a partir da renovação da mente, da abnegação de si mesmo e da libérrima efusão da caridade. Por isso, devemos implorar do Espírito Divino a graça da sincera abnegação, humildade e mansidão em servir e da fraterna generosidade de ânimo para com os outros"[23].

Dirijo, pois, desde já, um caloroso apelo a todos os responsáveis e aos membros das outras Igrejas e comunidades eclesiais, para que acompanhem as celebrações do Ano da Redenção com a sua oração, com a sua fé em Cristo Redentor e com o seu amor; e que este, neles como em nós, se torne anelo cada vez mais sentido de se realizar a oração de Jesus antes da sua Paixão redentora: *Ut omnes unum sint* [24].

10. Desejo, por fim, que o Jubileu seja uma catequese geral, uma evangelização capilar a nível de todas as Igrejas locais, centrada na realidade da Redenção: Cristo que salva o homem com o seu amor imolado na Cruz; e o homem que se deixa salvar por Cristo. É um convite para compreendermos melhor o mistério da salvação e para vivê-lo em profundidade na prática da vida sacramental.

Nesta ação que nos leva a Cristo, para nele encontrarmos o Pai, deve ser posta em relevo a ação silenciosa e persuasiva do Espírito Santo, com a exortação a uma

---

[23] *Unitatis Redintegratio*, 7.
[24] Jo 17,21.

docilidade cada vez maior e a confiar-se aos seus dons, a fim de que a obra de Salvação, na qual Ele intervém diretamente, atinja em cada um dos fiéis a sua efetiva realização. Será, assim, atingido aquele objetivo principal do Jubileu, que visa, acima de tudo, à elevação interior e espiritual do homem e, por isso mesmo, contribui também para o amor efetivo entre os povos.

Só Cristo, na verdae, é "a nossa paz"[25]. "Foi Deus que reconciliou consigo o mundo, em Cristo, não lhe levando mais em conta os pecados dos homens e pondo nos nossos lábios a mensagem da reconciliação."[26] O tema da reconciliação está intimamente relacionado com o da paz, da vitória sobre o pecado, a qual deve refletir-se na vitória do amor sobre as inimizades, sobre as rivalidades e sobre as hostilidades entre os povos, bem como na vitória do amor no âmbito de cada comunidade civil e, mais intimamente ainda, no coração de cada homem. Toda a atividade em favor da paz é uma forma especial de fidelidade ao mistério da Redenção, porque a paz é irradiação da Redenção, é a sua aplicação na vida concreta dos homens e das nações.

O Jubileu há de contribuir para a consolidação de uma mentalidade de paz no mundo: são estes os votos que me brotam do coração.

11. Confio, desde já, a realização deste programa à intercessão de Maria Santíssima. Ela é o vértice da Redenção. Ela está indissoluvelmente ligada a esta obra, porque é a Mãe do Redentor e o fruto mais sublime da Redenção.

---

[25] Ef 2,14.
[26] 2Cor 5,19.

Ela é, de fato, a "primeira redimida", em virtude dos méritos de Cristo, Filho de Deus e seu Filho.

A Igreja tem de olhar mais intensamente para Maria. Ela encarna em si aquele modelo que a mesma Igreja espera e deseja realizar: "gloriosa, sem mancha... santa e imaculada"[27].

O Jubileu da Redenção reveste-se, por conseguinte, também de um aspecto eminentemente mariano: a coincidência da celebração, que se enquadra na expectativa do terceiro milênio, ajuda a compreender aquela *mentalidade de Advento* que caracteriza a presença de Maria em toda a história da Salvação. Ela, como "Estrela da manhã", precede Cristo, prepara a sua vinda, acolhe-o em si e o dá ao mundo. Por isso, também na preparação do Jubileu, cremos e a sabemos presente, a dispor os nossos corações para o grande acontecimento.

Ela age em força de sua função materna: como afirmou o Concílio Vaticano II, Ela cooperou, de modo absolutamente singular — com a sua obediência, com a fé, com a esperança e com a caridade ardente — na obra do Salvador para restaurar nas almas a vida sobrenatural"[28]; e, por isso, continua ainda hoje "a cuidar, com amor materno, dos irmãos de seu Filho que, entre perigos e angústias, caminham ainda na terra, até chegarem à pátria bem-aventurada"[29]. Ela é "nossa Mãe na ordem da graça"[30]. Mostrar-nos-á dentro de poucos dias o Verbo

---

[27] Ef 5,2.
[28] *Lumen Gentium,* 61.
[29] Ibid., 62.
[30] Ibid., 61.

Encarnado, no qual fixou o seu olhar interior "meditando todas estas coisas no seu coração"[31]. Por isso, a Ela se dirige a nossa oração, para que mostre uma vez mais a toda a Igreja, ou melhor, a toda a humanidade, aquele Jesus que é "bendito fruto do seu ventre" e Redentor de todos.

12. Veneráveis irmãos e filhos caríssimos:

Eis quanto desejava ardentemente comunicar-vos, a vós e a toda a Igreja, no momento em que nos preparamos para reviver o mistério do Natal, que é a aurora da Redenção: na extrema pobreza de Belém, de fato, já se projeta a sombra da Cruz.

Que Maria esteja sempre conosco! Que São Miguel Arcanjo, São João Batista, os Santos Pedro e Paulo, com todos os outros apóstolos, intercedam por nós, para alcançarmos o dom cada vez mais copioso da Salvação, ajudando-nos a celebrar uma digna e frutuosa celebração do Jubileu: e que disponham toda a Igreja a viver este grande acontecimento: a preparem para acolher em plenitude a Redenção de Cristo.

A toda a Igreja, daqui, dirijo o meu brado: "Abri as portas ao Redentor!".

---

[31] Cf. Lc 2,19.51.

Impresso na gráfica da
Pia Sociedade Filhas de São Paulo
Via Raposo Tavares, km 19,145
05577-300 - São Paulo, SP - Brasil - 2006